Ana Paula Hornos

ILUSTRADO POR
Cláudio Martins

Crise Financeira na Floresta

1ª edição — Novembro de 2015

Grafia atualizada segundo o Acordo Ortográfico da Língua Portuguesa
de 1990, que entrou em vigor no Brasil em 2009.

Editor e Publisher
Luiz Fernando Emediato

Diretora Editorial
Fernanda Emediato

Assistente Editorial
Adriana Carvalho

Ilustrações
Cláudio Martins

Diagramação
Alan Maia

Preparação de texto
Karla Lima

Revisão
Marcia Benjamim
Josias A. de Andrade
Vinicius Tomazinho
Gypsi Canetti

DADOS INTERNACIONAIS DE CATALOGAÇÃO NA PUBLICAÇÃO (CIP)
(Câmara Brasileira do Livro, SP, Brasil)

Hornos, Ana Paula
    Crise financeira na floresta / Ana Paula Hornos ;
ilustrado por Cláudio Martins. -- São Paulo :
Geração Editorial, 2015.

    ISBN 978-85-8130-341-3

    1. Literatura infantojuvenil I. Martins,
Cláudio. II. Título.

15-09762   CDD: 028.5

Índices para catálogo sistemático

    1. Literatura infantil   028.5
    2. Literatura infantojuvenil   028.5

GERAÇÃO EDITORIAL

Rua Gomes Freire, 225 – Lapa
CEP: 05075-010–SãoPaulo–SP
Telefax.: (+ 55 11) 3256-4444
E-mail: geracaoeditorial@geracaoeditorial.com.br
www.geracaoeditorial.com.br

À minha querida e preciosa filha Suellen,
que me inspira e me ensina todos os dias.

Aos meus pais, grandes incentivadores,
Paulo e Ana Maria.

Ao Humberto, meu amado marido e
companheiro, que muito me apoia e com
quem compartilho tudo.

E a Deus, senhor da minha vida.

A famosa e conhecida fábula "A Cigarra e a Formiga" já deu o que falar.

A Formiga trabalhava no verão juntando suas folhinhas, enquanto a Cigarra pedia fiado no frio da estação.

A Cigarra tomara tanto emprestado de dona Formiga, que já devia até as calças, isto é, devia mesmo era sua viola.

A conversa era sempre a mesma:

— Dona Formiga, fique tranquila. Se um dia eu não lhe pagar folha por folha do que devo, tem minha viola como garantia!

Mas a Formiga, que também juntava pra comer, tinha que se esforçar em dobro, e passava aperto em seu formigueiro, por ter emprestado à Cigarra preguiçosa.

E assim as duas iam pro buraco.

A que não trabalhava nem juntava, e a que emprestava errado e se esforçava em dobro.

A pobreza daquela situação ficou conhecida em toda a floresta.

Mas a Cigarra enganou muita gente, aliás, muito bicho.

Ela devia mais à Formiga, mas também tinha fiado com a Borboleta, com a Minhoca e até com o Bicho-Preguiça.

E repetia o velho discurso:

— Seu Tatu, não fique jururu!
Dou minha palavra de animal,
pago folha por folha,
os juros etc. e tal.

Mas, para o senhor ficar tranquilo
e não achar que foi uma fria,
vamos fazer algo em sigilo.
Dou minha viola como garantia!

Mas, naquela floresta, nem todos caíam nessa conversa.
Seu Macaco era esperto e muito observador:
— Essa Cigarra vive cantando,
não a vejo trabalhando!
Por isso sempre digo:
— Se você não quer problema
e tampouco dissabor,
siga sempre o velho lema,
não empreste a mau pagador!

Seu Macaco tinha um banco. Era o Banco de Folhas.

Todos os bichos da floresta levavam as folhas que juntavam para guardar lá.

Suas regras eram muito claras:

— Se deixar sua folha guardada comigo por uma estação, pago uma folha a mais por isso, em retribuição.

A bicharada ficava contente.

Levava uma folha e saía com duas ao fim da estação!

Era o que ele chamava de juros.

Entretanto, a regra mudava para quem pedia emprestado:

— Empresto uma folha, este é meu serviço, mas, ao final da estação, recebo uma folha e meia a mais por isso.

Os juros eram mais altos. Pegavam uma folha, mas devolviam duas folhas e meia no fim do período.

No entanto, para pegar emprestado não era simples, não!

Tinha que ser avaliado por seu Macaco:

— Com meus clientes, sou franco.

Para não virem com graça,

só empresto folhas em meu banco

pra quem tem bom nome na praça!

Era o caso da Borboleta, que era muito vaidosa.

Gastava sempre mais do que podia para estar na moda.

A Borboleta era muito trabalhadora, mas não resistia aos lançamentos do verão.

— Nossa, que lindo este colar!

A minha filha vai amar!

Enfeitado com coquinhos e jasmim...

Levo dois!

Um pra minha filha e outro pra mim!

E dona Borboleta, que mal havia pago o que devia, ia novamente pegar emprestado no banco.

Sua vida era assim, tinha que trabalhar duro para pagar todo mês as dívidas que fazia. E, como gastava mais do que devia, estava sempre devendo.

Era verdade que andava (aliás, voava) elegante todo dia, mas também muito nervosa com sua situação. Sofria de enxaqueca.

Respeitado mesmo era o João-de-Barro. Comentava seu Macaco:

— Tem bicho que não tem futuro.

Vai estar sempre em apuro.

Veja a Cigarra, que preguiçosa!

E a Borboleta, como é vaidosa!

Admiro mesmo é o seu João.

Aquele pássaro é um avião!

Seu João-de-Barro era construtor.

Em troca das folhas que recebia, construía casas para seus clientes.

Cada casa tinha um preço.

A mais barata custava vinte folhas.

Como forma de pagamento, o cliente pagava dez folhas de entrada, ao fazer a encomenda da casa; e mais dez, quando a casa estivesse pronta,

ao receber as chaves.
Na verdade, para construir
esse tipo de casa, ele precisava
de quinze folhas. As outras cinco
eram seu lucro, o resultado do seu
trabalho. Das cinco folhas
que ganhava, pelo menos
uma seu João colocava no
banco para render juros.

Às vezes, seu João-de-Barro e seu Macaco faziam negócio.

Foi o caso do Chico, o periquito.

Chico procurou seu João porque precisava de uma casa para morar, mas só tinha dez folhas para pagar.

— O senhor sabe que não sou rico.

Orgulho-me em ser bom periquito.

Como posso fazer?

Preciso de casa para viver.

— Não se preocupe, seu Chico.

Sua casa eu fabrico.

Com as dez folhas, eu arranco.

O restante, você pede ao banco.

E assim foi feito.

Seu Macaco pagou as outras dez folhas que faltavam ao João-de-Barro em troca de uma dívida com juros do periquito.

Esta parceria deu muito certo.

Como o negócio do seu João era construir, trazia os clientes que não tinham dinheiro para pagar.

Seu Macaco, por outro lado, que sabia emprestar, avaliava o cliente e pagava ao seu João o dinheiro que faltava.

Assim todos ficavam satisfeitos...

O cliente, que precisava da casa; seu João, que ficava sem o risco de não receber; e seu Macaco, que ganhava mais um cliente para lhe pagar juros.

Tudo o que sabia seu João ensinava ao seu filhote:

— Filho, não gaste na cantina toda a mesada.
Deixe uma parte guardada.
Vá juntando com paciência.
Pra alguma emergência.
Dizia:
— No banco podemos guardar
este dinheiro que vai juntar.
Com os juros, sua mesada cresce.
E você só enriquece.

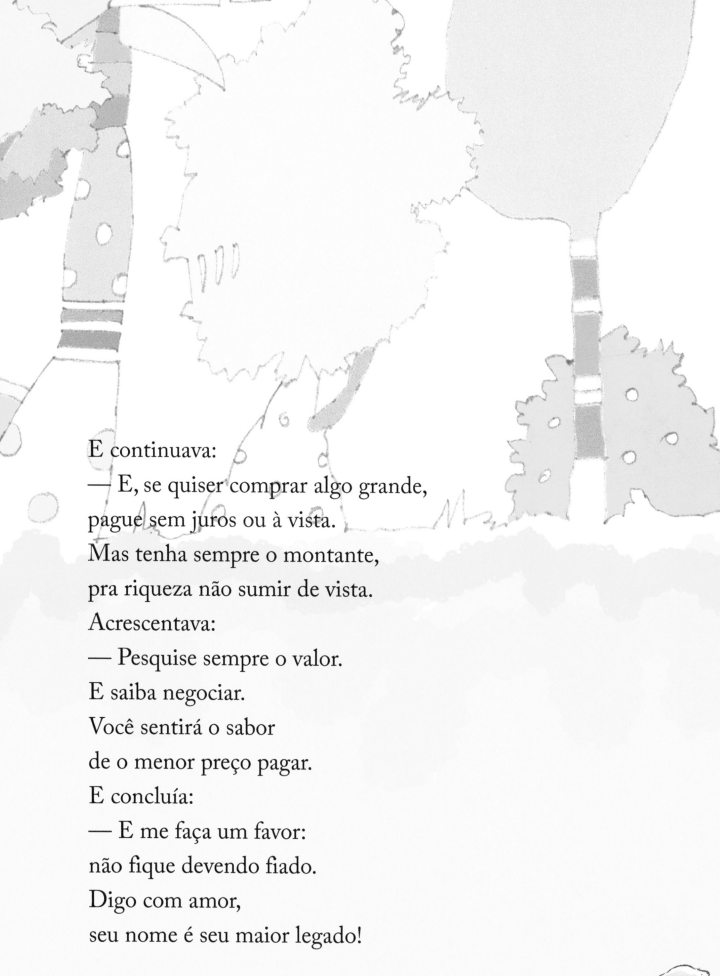

E continuava:

— E, se quiser comprar algo grande,
pague sem juros ou à vista.
Mas tenha sempre o montante,
pra riqueza não sumir de vista.

Acrescentava:

— Pesquise sempre o valor.
E saiba negociar.
Você sentirá o sabor
de o menor preço pagar.

E concluía:

— E me faça um favor:
não fique devendo fiado.
Digo com amor,
seu nome é seu maior legado!

Na escola, o filho via a Joaninha gastar tudo o que tinha no lanche e pedir ao seu Besouro pra anotar o resto na conta.

A conta crescia, e sua mãe enlouquecia.

Dona Joana não sabia mais o que fazer com a Joaninha:

— Filha, assim você me desmonta.

Fazendo-me pagar esta conta.

E não coma tanto, filhinha.

Você pode ficar gordinha!

Mas João-de-Barro Júnior sentia dó da Formiguinha.

Ela, que outrora trazia seu lanche gostoso preparado pela mãe, agora só tinha meia folhinha por semana pra gastar na cantina.

Sua mãe continuava emprestando pra dona Cigarra cantora, confiando em que um dia receberia as folhas ou a viola.

Com isso, trabalhava em dobro e não sobrava muito, nem em tempo nem em folha, pro lanchinho da Formiguinha.

Seu Macaco observava:

— Tenho pena de dona Formiga.

Caiu no conto de sua amiga.

Quem antes tinha algo guardado,

agora toma emprestado.

E a história da famosa viola ia formando uma bolha.

Cada vez que a Cigarra dava sua viola como garantia, a tal bolha crescia.

A bolha da viola, que começou com o conto pra Formiga, foi pra Borboleta, passou pela Minhoca, por seu Tatu e até pelo Bicho-Preguiça.

E todos falavam o mesmo:

— Não faz mal emprestar à Cigarra.

Um dia recebo na marra.

Será em viola, se não for em folhas.

O bom é ter duas escolhas!

Parecia mesmo bom negócio, porque a tal viola era muito valiosa.

Era a única de toda a floresta.

O problema era a bolha, que ninguém via. Crescia escondida.

E a bolha foi crescendo, crescendo; e a situação, piorando.

Dona Formiga começou a pedir emprestado confiando na tal viola.

E todos fizeram o mesmo.

E o que alimentava a bolha era o tal fiado.

E um dia, quando ninguém esperava, a tal bolha estourou!

E o mais surpreendente é que estourou no Besouro da cantina, que não tinha nada a ver com o pato.

A história foi assim:

— Só estou fazendo fiado

no raio desta cantina.

Agora não tenho uma folha

nem pra comprar aspirina

— disse seu Besouro.

Aí ele cobrou da dona Joana, mãe da Joaninha.

— A senhora tem que me pagar

tudo o que sua filha deve.

Do contrário, vou fechar

a cantina muito em breve.

Dona Joana foi ao Macaco ver
se conseguia o montante para pagar
seu Besouro.

— A senhora vai me desculpar,
mas eu não empresto.
Antes tem que me pagar
os juros e todo o resto.
Então dona Joana pensou:
"Hoje é dia de fazer marola
e cobrar a tal viola."
Voltou ao seu Besouro e
pediu para esperar um dia
até encontrar a dona Cigarra.

O Besouro, que estava desesperado, foi cobrar da dona Borboleta, que por sua vez foi procurar o Macaco, que lhe deu a mesma resposta.

Então, a Borboleta pediu um dia pra encontrar a dona Cigarra e cobrar a viola.

Assim aconteceu também com o Tatu e até com o Bicho--Preguiça.

E aquele bafafá atrás da Cigarra se espalhou por toda a floresta.

A mais desesperada era a Formiga, a quem mais a Cigarra devia.

Em todo esse tumulto, acharam dona Cigarra cantando em uma lagoa.

— Seu canto parece leve.

Pedimos à senhora

que nos pague sem demora

as folhas que nos deve — disse dona Formiga, porta-voz do grupo.

Mas a Cigarra respondeu:
— Devo, não nego.
Pago quando puder.
A viola eu lhe entrego,
se a senhora quiser.
Nesse momento, começou uma confusão.
A viola era uma só, pra toda aquela multidão.
Aí o Tatu falou:
— O problema é profundo. A senhora deve pra todo mundo.
E quem a viola vai querer,
se não tem pra quem vender?
A valiosa viola havia perdido o valor.

Estavam todos quebrados, sem folhas, desesperados...
Seu Macaco e seu João, vendo o ocorrido, foram procurar o
Leão, que é o rei da floresta. Disseram:
— A bolha estourou e não foi falta de aviso.
Os bichos fizeram dívidas,
sem pensar e sem juízo!

Emprestaram à Cigarra,
sem nenhum conhecimento,
de como se faz um empréstimo
ou um investimento.

Seu Leão, para tirar conclusão,
é preciso cuidado.
Os bichos não podem saber
o que não foi ensinado.

Então viemos aqui,
pois desejamos ajudar.
Queremos ser voluntários
e nosso tempo doar.

Propomos organizar na escola
uma campanha de ensinamentos,
com aulas, encontros e debates,
para trocar conhecimentos.

A ideia é ensinar a todos,
bichos e filhotes.
Desejamos construir
uma floresta mais forte.

Os bichos saberão escolher prioridades.
Aprenderão a diferença
entre desejo e necessidade.

Para cuidarem de suas folhas
de forma inteligente,
falaremos do trabalho
e do consumo consciente.

Os bichos ouvirão
sobre economizar,
praticar a doação,
investir e planejar.

Seu Leão, que ouviu tudo,
com muita atenção,
gostou muito da oferta
e tomou uma decisão:

— Essa ideia é muito boa
para despertar a consciência
e tirar um aprendizado
desta má experiência.

Outro assunto são as dívidas,
que causam um tormento.
Peço que auxiliem os bichos,
com um plano de pagamento.

E, por fim, dona Cigarra,
que armou toda essa fria,
terá que usar sua viola,
para compor uma melodia.

Colocará em prosa e versos
as matérias ensinadas.
Vai trabalhar ajudando a escola
por meio de aulas cantadas.

E, assim, os bichos seguiram, com paciência e disciplina.
E o que começou na cantina, em uma crise sem progresso,
por meio de muito trabalho e muita sabedoria,
transformou-se em alegria e em uma história de sucesso.